AF509279

SOCIÉTÉ

PATRIOTIQUE ET POPULAIRE

De Metz.

SOCIÉTÉ

PATRIOTIQUE ET POPULAIRE

DE METZ.

Séance générale du 15 février 1833.

M. Em. BOUCHOTTE, président, ex-maire de Metz, ouvre la séance par un discours qui obtient l'assentiment de l'assemblée entière, et dont nous extrayons les passages suivans :

Vous vous rappelez, Messieurs, qu'à l'époque où le peuple vainquit la monarchie, l'opinion publique était loin d'être unanime : non que l'immense majorité ne fût liée par un sentiment commun de haine contre les Bourbons, sentiment qui ne pouvait être satisfait que par leur expulsion ; mais parce que le plus grand nombre des esprits n'ayant point considéré cet évènement comme prochain, on se trouva embarrassé d'une victoire inespérée. Rien n'avait été prévu pour en tirer le parti le plus avantageux ; l'imminence d'une conflagration européenne vint ajouter aux alarmes de ceux qui déjà craignaient une guerre civile; quelques hommes exploitèrent habilement ces dispositions. Cependant, la France qui venait de chasser par un soulèvement général, trois générations de rois, pour me servir de l'expression consacrée par les légitimistes, et qui venait ainsi de montrer d'une manière assez significative son antipathie pour la royauté, et surtout pour les Bourbons, la France ne s'attendait pas, sans doute, à redevenir aussitôt monarchique sous le sceptre d'un Bourbon. Personne en effet ne pourra soutenir que cette étonnante révolution se soit faite en faveur du duc d'Orléans.

Ce fut le hasard qui décida du destin de la France.

Oui, le hasard seul voulut qu'après cette vaste expulsion de princes, il s'en rencontrât un de la même famille, auquel, dans l'action, on n'avait pas songé, qui s'était tenu à l'écart, et qu'on alla tirer de sa retraite lorsque le peuple fut maître de Paris.

Je dis le hasard, et n'ai-je pas raison? En effet, vit-on jamais une réunion de circonstances plus extraordinairement accumulées sur la tête d'un homme? car cet homme était à la fois prince et fils de régicide, Bourbon et général républicain. Sous un gouvernement terrible dans ses vengeances, il avait abandonné l'armée en présence de l'ennemi; il s'était placé dans la condition des exilés, et cependant, à son retour en France, il avait retrouvé des biens immenses qui devaient lui procurer l'influence qu'assurent plusieurs millions de revenus. D'abord hostile à sa famille, il était rentré en grâce près de cette famille, après l'avoir suppliée; il l'avait suivie sur la terre étrangère en 1815 et se faisait gloire de sa fidélité de sujet. Rien ne pouvait donc porter à penser que le prince qui avait reçu de Charles X des faveurs royales, auxquelles il attachait un haut prix, serait appelé à se saisir du trône qui, dans sa propre opinion, était un héritage de famille et la légitime propriété de celui pour lequel il professait une sorte de culte.

Et cependant tous ces titres lui servirent.

C'est parce que Louis-Philippe avait été républicain, ennemi de sa famille; c'est parce qu'il se déclarait encore l'ennemi de Charles X, qu'il inspira de la confiance. Lui-même sentait si bien que c'était en rappelant les souvenirs de la république qu'il pouvait obtenir les suffrages de la nation, que les victoires de Jemmapes et de Valmy auxquelles il avait pris part, étaient par lui citées à tout propos. C'est aussi par ce motif que, dans les premiers temps de son règne, sa maison était loin de cette splendeur royale où elle est depuis parvenue, que ses habitudes, ses discours annonçaient plutôt le président d'un peuple libre que le chef d'une monarchie héréditaire.

Il n'est aucun homme de bonne foi qui ne convienne que, si ces diverses et étonnantes circonstances ne se fussent réunies en faveur du duc d'Orléans, il n'eût pas été fait roi des Français; non, sans doute, il ne l'eût pas été plus que le prince de Condé. Pour justifier les Français de l'inconséquence de leur conduite, puisqu'ils refaisaient un roi après en avoir chassé un , puisqu'ils reprenaient pour roi un Bourbon après avoir juré haine aux Bourbons , il fallait , dis-je , que le duc d'Orléans fût placé par le sort dans une position toute exceptionnelle ; sans cette extraordinaire position , il est permis de penser que la France se serait alors constituée en république.

Quoi qu'il en soit , Louis-Philippe fut proclamé roi des Français.

A son avènement , l'espérance était dans tous les cœurs ; l'entraînement fut grand , car on s'imaginait éviter l'anarchie à l'intérieur , et la guerre au-dehors. Les partisans de la république gardèrent le silence et laissèrent aller les choses. Une nouvelle expérience gouvernementale commençait ; elle paraissait obtenir , malgré l'irrégularité de l'élection , l'assentiment de la majorité. — Il était donc raisonnable , pour juger , d'attendre que les actes vinssent faire apprécier la valeur des promesses.

Jamais gouvernement n'eut un début aussi favorable. L'opposition , pendant plusieurs mois , fut nulle ; mais peu à peu on vit se grouper autour du trône , non des institutions républicaines , mais les hommes et les intérêts monarchiques.

Pouvait-il en être autrement ? Le roi jouissait , indépendamment de sa fortune particulière , d'une liste civile considérable ; il avait la disposition de tous les emplois civils et militaires ; il était dominé , suivant la loi de la nature humaine , par l'inévitable sentiment de conservation personnelle , qui lui commandait d'intéresser un grand nombre de défenseurs au salut de sa personne et de sa dynastie. Il fallait en conséquence satisfaire beaucoup de monde, et surtout les hommes qui passent pour jouir d'une certaine influence dans le pays ; il fallait donner beaucoup de places, et ne corriger aucun des crians abus du système financier ; il fallait encore augmenter les impôts, et pourtant ne point trop les faire peser sur les riches. Il fallait donc que le droit de nommer les députés et d'être élu appartînt à ces riches ; car la chambre fait les lois de finances ; il fallait encore s'étayer sur la vieille aristocratie en conservant la pairie.

Il était aussi nécessaire d'obtenir l'amitié ou du moins la tolérance des cours étrangères ; et dans ce but, il fallait entrer dans ce système diplomatique si contraire à la grandeur de la France, si humiliant pour elle et dont la honte qui appartient tout entière au gouvernement, ne peut être rachetée par un brillant fait d'armes, qui appartient exclusivement à l'armée.

Mais à mesure que la monarchie suivait ses développemens naturels, l'opposition grandissait.

Cependant ses premiers cris d'alarmes causèrent une singulière irritation dans les esprits ; la plupart, fascinés par les promesses du gouvernement, le voyaient encore tel qu'il avait apparu à sa naissance. On repoussa avec amertume de sinistres prédictions, qui plus tard se réalisèrent. Le gouvernement profita de la disposition des esprits pour porter leurs craintes à l'exagération. Chaque jour il faisait répéter : l'anarchie, vous l'auriez, si vous écoutiez les républicains ; car leur système c'est 93 , et son maximum, et ses échafauds, et ses spoliations de toutes espèces ; la guerre étrangère, vous ne pourriez l'éviter, car les rois ne manqueraient pas de se coaliser pour étouffer la nouvelle république. Par malheur la misère du peuple, jointe à la douleur de voir tant d'espérances trompées, causaient des émeutes, et le gouvernement en profita encore pour dire : Voyez ces républicains ; quel tort ils font au commerce, en troublant la tranquillité publique ; et les passions toujours de plus en plus irritées par ces manœuvres, entretenaient dans la nation des divisions utiles au pouvoir. La discussion n'était point admise, et le ministère multipliait ses poursuites contre la presse avec un acharnement inouï.

Les choses allèrent ainsi croissant jusqu'aux évènemens de juin.

Alors Paris fut mis en état de siége ; des tribunaux d'exception furent institués. Ce grand coup d'état, ce pas de géant que le gouvernement fit vers le despotisme, frappa vivement les esprits et sembla les ramener à la réflexion. Les gens sincères s'avouèrent les fautes nombreuses qui avaient été commises, et dès-lors l'opinion parut moins favorable au système suivi. Le doute s'établit. Les préventions nourries contre l'opposition s'affaiblirent, et l'on parut s'enquérir avec curiosité s'il n'y avait point d'autre procédé de gouvernement que ceux qui consistaient à faire craindre la guerre civile, la guerre étrangère, la cessation du commerce, et qui cependant donnaient effectivement tous ces maux.

Du moins, de cette époque la polémique des journaux s'établit sur un terrain plus large. Les partisans des idées républicaines cessèrent de garder le silence, ils eurent des organes et le grand mot *république*, dont on avait si long-temps fait peur aux esprits faibles, perdit pour eux ce qu'il avait d'effrayant. On comprit qu'une république et le régime de 93, sont deux choses absolument différentes; d'un autre côté on fit des efforts pour convaincre ces hommes animés d'une généreuse impatience, que la violence est un moyen funeste, et qui rarement conduit au but. Que la première loi, qu'un républicain doit suivre, c'est de consulter la volonté générale; qu'en conséquence, il faut persuader avant d'agir; qu'au lieu d'avoir recours aux armes, il vaut mieux vaincre par la puissance de la raison.

Constatons ce progrès remarquable qui assure le triomphe de la civilisation, et nous permet d'entrevoir d'importantes améliorations dans l'état social.

Nous les obtiendrons, ces améliorations.

Quelque grande que paraisse, au premier aspect une telle entreprise, il ne faut point cependant s'en exagérer les difficultés. Nous croyons le succès certain; car c'est l'intérêt du plus grand nombre qui est l'objet de nos travaux.

De quoi s'agit-il enfin? De rechercher quels sont les moyens les meilleurs de protéger la liberté, les propriétés et la vie des citoyens; de placer chacun d'eux dans les circonstances les plus favorables à son existence, et au développement de ses facultés intellectuelles et physiques; de garantir la société des troubles révolutionnaires, et de lui procurer avec les autres peuples des relations sûres et avantageuses; de mettre le plus d'économie possible dans l'administration; de prouver enfin qu'une monarchie héréditaire est impuissante pour procurer la plupart des avantages que nous réclamons, et forme un obstacle constant à d'importantes améliorations sociales.

Et d'abord, messieurs, quant à la tranquillité publique qui est l'objet qu'on se propose principalement, dit-on, en instituant une monarchie héréditaire, il faut bien reconnaître que par le fait cette institution y est directement contraire. En effet, n'est-ce pas l'incapacité d'un monarque héréditaire, quelques vertus d'ailleurs qu'on veuille lui accorder, qui nous a valu une révolution terrible, où lui-même a péri, et qui a failli ruiner la nation? Le génie militaire de Napoléon, affranchi de tout frein, n'a-t-il pas fini par provoquer une irruption des divers peuples de l'Europe sur la France? la stupidité de Charles X ne lui a-t-elle pas fait perdre la plus belle couronne du monde, et ne nous a-t-elle pas replongés dans de nouvelles commotions?

Si nous examinons la question sous le rapport de l'hérédité, il faut bien reconnaître aussi que, ni le plus puissant génie des temps modernes, ni les princes les plus favorisés par l'ancienneté de la possession, n'ont pu de nos jours conserver l'hérédité dans leurs familles; que ces divers règnes n'ont servi, en comprimant le progrès des idées, qu'à accumuler des forces d'impulsion prodigieuses contre les barrières qu'on leur opposait, toujours dans l'intérêt exclusif d'une dynastie ; qu'ils n'ont servi, ces règnes, qu'à faire briser les barrières avec violence , et à faire remettre en question l'existence politique des peuples.

Dans une république bien organisée, où la souveraineté populaire ne peut être contestée, où l'intérêt général est la loi suprême , le gouvernement suit nécessairement les progrès de l'opinion , parce qu'il est souvent refait par l'opinion ; il ne peut causer de commotions violentes , parce qu'il ne peut élever contre le progrès d'obstacles assez puissans.

Faisons ici de nouveau la remarque que le gouvernement républicain des États-Unis d'Amérique était fondé , lorsque la révolution de 1789 commença en France et qu'il a parcouru paisiblement le long espace de temps qui s'est écoulé depuis sa fondation jusqu'à nos jours , espace pendant lequel s'est pour nous déroulée une série de révolutions qui nous ont conduits à faire actuellement une troisième expérience d'une monarchie héréditaire.

Il faut conclure de ces faits, que l'hérédité de la couronne , malgré les efforts qu'on a faits pour l'introduire dans nos lois, n'est d'accord ni avec nos mœurs, ni avec nos intérêts.

Si donc nous combattons l'hérédité monarchique, c'est que l'expérience a prouvé que, dans la pratique, les passions humaines viennent constamment fausser la théorie ridicule qui prétend qu'un roi ne peut mal faire. Il n'est pas dans la nature de l'homme de s'identifier avec l'intérêt général, tellement qu'il néglige le soin de sa conservation personnelle ou de son agrandissement. Tous les rois, d'ailleurs, se montrent convaincus qu'ils doivent nécessairement s'appuyer sur des ordres ou des classes de citoyens plus particulièrement intéressés à leur conservation ; et pour que cet intérêt existe réellement, ils procurent à ces ordres ou classes des avantages sociaux qui tournent contre l'intérêt général.

Il est donc bien démontré que l'existence d'une monarchie crée dans un état des intérêts spéciaux, et qu'il s'établit une lutte funeste entre ces intérêts et celui du plus grand nombre. Si Napoléon, cet esprit supérieur, a suivi en ce point la loi commune, on peut aisément conjecturer qu'aucun roi n'y échappera.

Messieurs, en m'arrêtant sur cette question, je n'ai pas eu l'intention de la développer entièrement, mais de montrer qu'elle est, de toutes, la plus importante, et que c'est seulement lorsqu'elle sera résolue, que les autres pourront être utilement traitées.

C'est aussi pour vous tracer bien nettement la voie politique dans laquelle nous sommes entrés. Le sujet est grave ; mais nous pensons que le temps est venu de l'aborder, parce qu'il nous semble que plus de calme dans les passions politiques, et que plus de rectitude dans les esprits, nous permettent d'espérer que nos opinions seront dès à présent, non sans quelque succès, soumises au grand jury national, appelé à prononcer en dernier ressort.

Il se manifeste d'ailleurs dans toute la nation

une curiosité très-remarquable sur ces questions ;
curiosité qui indique un besoin de changement pour
échapper au malaise, et qui doit encourager nos
travaux.

(Marques générales d'approbation.)

M. Dornès, secrétaire du comité, après quelques
considérations sur l'utilité des associations en général, fait une esquisse rapide des travaux de la société
patriotique de Metz :

La société patriotique de Metz existe depuis quatre
ans, d'abord sous le nom de société constitutionnelle,
depuis sous le nom de société patriotique et populaire. Depuis cette époque, notre cité a pris une
part active à tous les événemens importans qui se
sont accomplis dans notre patrie.

En 1828 il n'existait pas, dans le département
de la Moselle, de journal d'opposition. La société
patriotique comprit qu'il fallait, à tout prix, créer
un organe qui défendît avec zèle et avec courage
la cause de la liberté et de la civilisation. Malgré
les difficultés qu'opposait la législation de l'é-
poque pour l'établissement d'un journal de département, elle fonda le *Courrier de la Moselle;* et
pour en assurer l'existence, elle affecta une partie
de ses ressources à cette entreprise tout-à-fait désin-
téressée. Ce journal n'a pas peu contribué aux progrès

de la raison publique dans le département. Malgré les persécutions auxquelles il n'a cessé d'être en butte, malgré les quatre procès qui lui ont été intentés, il s'est soutenu par ses seules forces, et sa situation permet d'espérer qu'il n'aura jamais besoin des subventions auxquelles la société s'est engagée. — Depuis, la société a fondé un nouveau journal, l'*Utile*, journal populaire, dont l'abonnement a été fixé, y compris le timbre, à 34 sous par an, afin de le mettre à la portée de toutes les conditions. Ce journal a paru il y a deux mois et il compte plus de 1500 abonnés.

A la fin de 1832, elle a mis entre les mains du peuple deux almanachs qui ont obtenu un grand succès. Le *Messager Patriote de l'Est* et le *Dieu protège la France*, ont été répandus à profusion dans notre département.

En 1828, les élections étaient un vain simulacre; et le département de la Moselle était un fief électoral, un bourg pourri du gouvernement. Un candidat du ministère avait été élu, quoiqu'il ne remplît pas les conditions exigées par la loi. Le comité attaqua cette élection avec persévérance devant la chambre et devant l'opinion publique. Des inexactitudes nombreuses avaient eu lieu dans la rédaction des listes électorales. Le comité présenta plus de 200 réclamations à la préfecture, et plus de 60 à la cour royale. Il prépara ainsi le triomphe des élections de 1830, dont l'honneur appartient en grande partie aux efforts de notre association.

En 1829, ce fut l'association patriotique qui propagea dans le département de la Moselle, l'association bretonne, pour le refus de l'impôt.

En 1830, au premier bruit des troubles que les ordonnances de juillet avaient suscités à Paris, le comité provoqua une réunion générale des citoyens. A la suite de cette réunion, on alla demander des armes à la commune, et il fut délivré le jour même plus de 1500 fusils. Ce premier acte d'insurrection donna le signal. L'admirable instinct de notre population et le bon esprit de la garnison firent le reste.

En 1831, le comité organisa une souscription en faveur de la cause polonaise : c'est par ses soins que fut fondé le premier comité polonais dans les départemens. Le succès qu'a obtenu cette souscription et la sympathie qu'a déployée notre population, ont assuré au département de la Moselle, une place distinguée dans le souvenir de cette héroïque nation.

Dans la même année, alarmé par la marche équivoque du gouvernement, le comité a fondé l'association nationale pour assurer l'indépendance du pays, et l'expulsion perpétuelle de la branche aîné des Bourbons. Cette pensée patriotique a trouvé de l'écho dans toute la France. A Metz, le pacte d'association fut signé par près de 1500 habitans de toutes les classes de la société ; et il s'établit des associations à Paris, et dans presque tous les chefs-lieux de département.

Les périls qui avaient suggéré cette pensée d'une vaste association nationale, ont été sinon dissipés, au moins ajournés : elle s'est résolue à l'inaction. Mais cette inaction n'est pas une désertion de notre poste ; l'association nationale existe toujours. Si de

nouveaux périls menaçaient la sûreté intérieure ou
extérieure de notre patrie, on la verrait reparaître
avec l'autorité que lui donnerait le triste accomplis-
sement des prévisions qui lui avaient donné naissance.
Elle appellerait tous les français aux armes, et tous
répéteraient sans doute avec elle ce serment de com-
battre l'étranger et les Bourbons, par tous les sacrifices personnels et pécunaires, et de ne jamais
transiger avec eux, à quelqu'extrémité que la France
fût réduite.

En 1832, les citoyens de Lyon firent une association en faveur de la presse lyonnaise, pour la
défendre contre les persécutions du pouvoir. Le comité
patriotique s'empressa d'imiter cet exemple. Mais en
même temps, il fit un appel à Paris et à tous les
départemens de la France, en faveur de la liberté
de la presse, et proposa d'établir une assurance
mutuelle entre tous les départemens. La voix des pa-
triotes messins a encore été entendue cette fois. Il
se forme de toutes parts des associations, et bientôt
il existera une vaste confédération entre tous les départemens et la capitale, pour protéger la presse contre
les ennemis de la liberté et du progrès.

Ce rapide exposé atteste l'utilité de la société patriotique, et prouve que les sacrifices que vous avez
faits, n'ont été perdus ni pour le bien public, ni
pour l'honneur du département de la Moselle.

Mais la révolution de juillet a ouvert une carrière
nouvelle à l'association patriotique et populaire. Il
a été utile sans doute de faire nos efforts pour créer
au parti national des organes indépendans, pour

affranchir la presse, pour maintenir l'administration dans le respect des lois, pour lutter avec succès dans les colléges électoraux. Mais en se bornant à cette polémique journalière, la société patriotique resterait au-dessous de la mission qu'elle s'est imposée.

La révolution de juillet n'est pas une révolution de palais, un changement de dynastie : c'est une révolution sociale, qui doit changer la condition physique et morale des masses. Cette pensée fondamentale de la société patriotique doit présider dorénavant à tous ses travaux.

Ici le secrétaire du comité examine la question des charges publiques ; il démontre par des chiffres et par des exemples palpables, que le système général des impôts n'est point établi sur des bases équitables ; que les impositions indirectes pèsent plus durement sur le pauvre que sur le riche ; que les unes frappent le contribuable en raison inverse de sa fortune ; que même d'autres frappent le pauvre sans atteindre le riche ; que l'impôt foncier présente aussi l'injustice inséparable de toute perception qui s'applique dans un rapport constant, au revenu le plus élevé, comme le plus faible ; qu'enfin, il faut remplacer ce système si injuste et d'ailleurs si compliqué, par un impôt unique et progressif qui, sous la garantie de la publicité, et d'un jury formé par les contribuables, atteindrait tous les citoyens dans une proportion équitable. Ce vœu a déja été formé par des économistes distingués.

Après avoir examiné comment sont réparties les

charges publiques, le secrétaire du comité examine comment sont répartis les avantages de la société. Il établit que toutes les lois semblent avoir été combinées pour déshériter les masses des bienfaits de la civilisation. Lois sur la propriété, sur les successions, sur les hypothèques, organisation du crédit public et privé, administration de la justice, instruction publique, tout semble avoir été concerté pour faciliter *aux hommes de loisir*, propriétaires ou capitalistes, les moyens d'exploiter et de rançonner les travailleurs ; et pour arrêter les progrès de la misère que produit une semblable organisation sociale, les gouvernans ne savent rien imaginer que la ressource avilissante de la charité publique, la presse des pauvres dans les rues, et des dépôts de mendicité.

Puis il établit qu'une réforme sociale est le seul moyen de prévenir les perturbations que des symptômes non équivoques semblent présager ; et continue en ces termes......

L'intérêt du peuple veut que les institutions favorisent la circulation des fonds de terre et des capitaux, et fassent arriver avec facilité ces puissans instrumens de travail dans les mains des classes laborieuses.

L'intérêt du peuple veut qu'on établisse enfin un système de crédit public, qui ne crée pas un monopole en faveur d'un petit nombre d'usuriers privilégiés. Il faut que des banques départementales fassent descendre le crédit jusqu'au sein des travailleurs, et rendent à la moralité et à la capacité, une partie de leur importance. Il faut qu'en même temps que des banques départementales fourniront aux masses des moyens plus faciles de produire, des caisses d'épargnes leur fournissent un moyen assuré de placer leurs économies.

L'intérêt du peuple veut un système judiciaire qui rende la justice accessible à tout le monde, et ne force pas le pauvre à sacrifier ses droits, plutôt que de s'engager dans des formalités ruineuses.

L'intérêt du peuple veut un vaste système de travaux publics, qui, non-seulement multiplie les moyens de communication entre les hommes, et fonde tous les établissemens propres à agir sur la moralité et sur la prospérité de la société, mais offrirait, dans les crises commerciales, des asyles ouverts à l'homme laborieux, qui demanderait du travail.

L'intérêt du peuple veut un système d'éducation publique qui répande gratuitement l'instruction primaire dans les masses, et enseigne à chacun les notions physiques, morales et intellectuelles, indispensables à l'homme vivant dans l'état de société.

L'intérêt du peuple veut un gouvernement *simple et à bon marché*, qui, au lieu d'absorber les ressources de la société, en prodigalités ruineuses, les emploie à l'amélioration physique et morale de la masse du peuple.

Mais pour que ces importantes réformes puissent s'introduire dans la société, il faut que le peuple ait un moyen d'action sur les lois du pays; qu'en un mot il ait une part dans le gouvernement de l'état.

Ici le secrétaire du comité établit que partout où les citoyens participent au pouvoir législatif par des députés ou représentans , le gouvernement n'est pas, à proprement parler, soit dans les chambres , soit dans les hommes investis de l'autorité publique : mais bien dans le corps électoral.

Il justifie en effet, par des exemples, que la législation a toujours été empreinte des passions, des opinions et des intérêts matériels des hommes ou des classes , à qui la constitution a attribué le droit d'élection. Montesquieu a dit que le moindre changement dans la composition des corps chargés d'élire , est presque toujours une véritable révolution dans un empire. On pourrait ajouter qu'il n'y a ni progrès ni véritable révolution dans un empire, quand après une commotion politique , le droit d'élire n'a point été déplacé, et qu'il est resté abandonné à la même classe de citoyens. Si, malgré le triomphe du peuple , dans les trois grandes journées , nous retombons dans le système anti-national de la restauration , c'est que le droit d'intervenir dans les affaires publiques, est resté confié aux 100 ou 120 mille plus imposés du pays.

Toute espérance de réforme sera chimérique, tant que le droit d'élire et par suite le droit de faire les lois , restera le monopole d'une imperceptible minorité , qui a ses passions et ses intérêts particuliers. On ne peut en effet espérer de bonne foi, que les classes favorisées par la législation aux dépens des masses , renoncent spontanément aux avantages qu'elles possèdent. Le sort des masses ne changera pas : elles resteront *ignorantes et misérables , tant qu'elles ne seront pas représentées dans les chambres investies du pouvoir législatif.*

La réforme sociale est donc toute entière dans la réforme électorale et parlementaire. C'est la question de vie ou de mort pour les intérêts populaires. C'est la question sur laquelle doivent se concentrer tous les efforts de la société patriotique.

Ici le secrétaire du comité attaque notre système électoral ; il trouve qu'il est injuste, impolitique, contraire aux intérêts populaires, insultant pour la nation française, de n'attribuer le droit d'élire qu'aux 100 ou 120 mille plus imposés, sur une population de plus de 33,000,000 d'habitans.

Une semblable loi blesse les intérêts populaires ! on peut juger de l'opiniâtreté que les propriétaires de terres et les gros capitalistes mettront à défendre leurs priviléges, par la conduite qu'ils ont tenue à la chambre lors de la discussion des lois sur les céréales, sur l'expropriation forcée pour cause d'utilité publique, sur l'amortissement et sur les jeux de bourse: Les intérêts des masses seront toujours sacrifiés à leurs intérêts spéciaux de propriétaires et de capitalistes.

Une semblable loi blesse la raison publique ! elle repousse des colléges électoraux les conseillers municipaux, les officiers de la garde nationale, les membres des diverses facultés, les professeurs, les médecins, les avocats, les avoués, les notaires, etc., comme si l'élection des citoyens et l'exercice de certaines professions, n'étaient pas un indice d'intelligenee plus assuré que le paiement de 200 fr. d'impôts.

Une semblable loi est une insulte à la nation

française ! Aux Etats-Unis d'Amérique, presque tous les citoyens sont électeurs. En Angleterre, le nombre des électeurs s'élève à près de 1,500,000, sur une population de 22,000,000. Le peuple français est un peuple intelligent, qui marche à la tête des peuples civilisés. Le premier en 89, il a appelé tous les peuples dans la voie de la liberté et du progrès. Depuis 40 ans, il lutte avec une héroïque persévérance pour son indépendance et pour l'affranchissement de l'Europe. On sait avec quelle générosité il a usé de la victoire en 1830. Aujourd'hui, il est encore l'effroi des tyrans et la dernière espérance des peuples opprimés : et cependant une poignée de propriétaires a osé déclarer que dans cette nation brave et éclairée, 100 ou 120 mille citoyens à peine sont dignes d'exercer les droits électoraux ; et on affecte une telle défiance du bon sens public, dans un pays où les *assemblées primaires* ont produit l'assemblée législative et la convention nationale.

On affecte aussi de craindre que les assemblées primaires ne soient dominées par des influences ennemies du progrès et de la civilisation ; le secrétaire du comité répond par l'opinion de Montesquieu, qui a remarqué l'admirable instinct des peuples pour choisir ceux à qui il doit confier une partie quelconque de son autorité, et qui justifie son opinion par le raisonnement et par les faits. Il répond surtout d'une manière victorieuse par la récente épreuve de la loi sur la garde nationale, et sur l'organisation municipale.

Enfin, il cite les longues luttes qu'a soutenues le peuple anglais pour obtenir la réforme parlementaire, et le succès qui vient de couronner ses efforts et sa persévérance. Que le peuple français proclame aussi la nécessité de la réforme parlementaire, et il faudra bien que sa volonté souveraine s'accomplisse !

Puis il termine en ces termes :

La réforme parlementaire : tel doit être notre drapeau. Que les membres de l'association patriotique et populaire mettent autant de zèle et de persévérance, pour obtenir la réforme parlementaire, qu'ils en ont mis pour la surveillance des listes électorales et la liberté de la presse : qu'ils se fassent les apôtres de la réforme parlementaire ; que cette pensée se présente à chaque instant dans leurs conversations, dans leurs écrits, dans toutes les circonstances de leur vie publique et privée : le même succès couronnera leurs efforts, et pour cette fois, le résultat de la victoire serait une réforme sociale toute entière.

Le trésorier a rendu compte ensuite de l'emploi des fonds ; des explications ont été provoquées par le président sur les rapports qui venaient d'être faits ; puis il a été passé au scrutin secret pour le renouvellement du comité. Le dépouillement a donné les résultats suivans :

MM. Aubert l'aîné, négociant ; Bardin, professeur ; Bégin, docteur en médecine ; Blanc, gérantrédacteur du Courrier ; Em. Bouchotte, propriétaire ; Boulet, propriétaire ; Billaudel, propriétaire ; Dimanche, négociant ; Dornès, avocat ; Husson jeune, libraire ; Harmand, avocat ; Labbé, notaire ; Maréchal fils, docteur en médecine ; Michel, Niclausse, pharmacien ; Pin-Doisy, négociant ; Rémond aîné, avoué ; Scoutetten, docteur en médecine ; Sérot, avocat ; Simon-Louis aîné, pépiniériste ; Taison, négociant ; Toussaint d'Ancy, propriétaire ; Valette, avocat ; Woirhaye, avocat.

METZ, DE L'IMPRIMERIE DE S. LAMORT.

www.ingramcontent.com/pod-product-compliance
Lightning Source LLC
LaVergne TN
LVHW012124170726
843501LV00008BC/2996